Companheiro Eterno, ajuda-me a abrir meu coração para Ti com sinceridade e honestidade, tendo estas orações como guia.

Ajuda-me a sentir-me próximo de Ti, Deus amado.

Título original: *The Gentle Weapon: Prayers for Everyday and Not-So-Everyday Moments*

Publicado em acordo com a Jewish Lights Publishing, uma divisão da LongHill Partners, Inc., Woodstock, VT, EUA.

tradução: Maria Alice Capocchi
preparo de originais: Regina da Veiga Pereira
revisão: Lara Alves, Sérgio Bellinello Soares e Tereza da Rocha
projeto gráfico e diagramação: Valéria Teixeira
capa: Miriam Lerner
impressão e acabamento: Yangraf Gráfica e Editora Ltda.

CIP-BRASIL. CATALOGAÇÃO-NA-FONTE
SINDICATO NACIONAL DOS EDITORES DE LIVROS, RJ

M996s Mykoff, Moshe
Se eu quiser falar com Deus: a sabedoria dos ensinamentos de Rebbe Nachman de Breslov / [adaptado por Moshe Mykoff e S. C. Mizrahi junto com Breslov Research Institute; tradução de Maria Alice Capocchi]. – Rio de Janeiro: Sextante, 2006.

Tradução de: The gentle weapon; prayers for everyday and not-so-everyday moments
ISBN 85-7542-254-5

1. Breslov, Rebbe Nachman de, 1772-1811. 2. Hassidismo. 3. Judaísmo – Livros de oração e devoções. I. Mizrahi, S. C. II. Breslov Research Institute. III. Título. IV. A sabedoria dos ensinamentos de Rebbe Nachman de Breslov.

CDD 296.61
06-3536. CDU 296.61

GMT Editores Ltda.
Rua Voluntários da Pátria, 45 – Gr. 1.404 – Botafogo
22270-000 – Rio de Janeiro – RJ
Tel.: (21) 2286-9944 – Fax: (21) 2286-9244
E-mail: atendimento@esextante.com.br
www.sextante.com.br

REBBE NACHMAN DE BRESLOV

Se eu quiser falar com Deus

Orações para os momentos comuns e especiais da vida

SEXTANTE

Dedicatória

Em memória de meu pai, Rabino Isaac Nadoff, inspiração da minha vida, vida das minhas inspirações e linha-mestra de vida para muitos.

SCM

Em memória de Reb Scholo: falar ao coração tornou-se muito mais difícil depois que ele deixou este mundo.

MM

Sumário

Nota sobre as fontes

"Quando você rezar, não deixe de revelar nada a Deus. Abra seu coração com honestidade, como se estivesse falando com seu melhor amigo."

REBBE NACHMAN (*Likutey Moharan*, 2:95)

Rebbe Nachman constantemente estimulava seus discípulos a formularem suas próprias orações, orientando-os a elaborá-las sobre os tópicos que estudavam nos livros sagrados e também sobre as questões e experiências da vida diária.

As orações desta pequena coletânea abordam questões familiares que temos de enfrentar em nosso dia-a-dia e baseiam-se nos ensinamentos encontrados na principal obra do Rebbe, *Likutey Moharan*, uma coleção de sete volumes com os principais discursos sobre a Torá proferidos por Rebbe Nachman.

Após cada oração, oferecemos a fonte de referência ao ensinamento correspondente que pode ser encontrado no *Likutey Moharan*. Algumas das orações dividem-se em duas partes e são apresentadas em páginas duplas. Nesses casos, a fonte de referência vem depois da segunda parte da oração, sempre na página à direita.

Introdução

"A vida nos torna caçadores. Para sairmos vitoriosos, precisamos nos armar com a mais poderosa das armas. Essa arma é a prece."
REBBE NACHMAN

Rebbe Nachman de Breslov (1772 – 1810), mestre espiritual cujos profundos ensinamentos e palavras têm inspirado gerações e gerações de todos os tipos de pessoas, desde as estudiosas até as mais simples, sempre colocava a prece no centro de seus ensinamentos. "Dêem-me seus corações", dizia ele, "e eu os levarei por um novo caminho que é, na verdade, o mesmo caminho trilhado por nossos ancestrais: o caminho da oração."

Há milhares de anos, as pessoas têm rezado usando orações já prontas, em horários determinados e em locais formalmente destinados à prece. Essas orações oferecem sustentação à força que sentimos por estarmos ligados às nossas tradições e raízes.

Muito mais do que uma ligação com o passado, a prece nos põe em contato com o aqui e o agora, com o nosso "eu" interior e com a verdade sobre tudo o que somos e o que não somos.

A prece também nos põe em contato com o futuro

– com tudo em que podemos nos tornar quando transformamos em realidade os desejos mais íntimos de nosso coração, e quando finalmente atingimos a plenitude, que é um direito inerente a toda a humanidade.

Rebbe Nachman nos ensina que o segredo da oração sincera reside em encontrar os momentos de silêncio e calma em que conseguimos falar com Deus usando a linguagem do nosso coração – com nossas próprias palavras, nossa própria linguagem. As orações já prontas nunca tiveram a intenção de substituir a expressão dos nossos sentimentos mais profundos, em diferentes momentos e locais, e que externam emoções que vêm do mais íntimo de nossas almas.

Quando deliberadamente destinamos uma hora do dia para orar, isolados e concentrados – o que o Rebbe denominou de *hitbodedut*, ou seja, a meditação reclusa e freqüente –, entramos numa dimensão em que nosso coração se abre a uma comunhão mais estreita com Deus. "O novo caminho, que é, na verdade, o mesmo caminho trilhado por nossos ancestrais", se torna o caminho perfeito para o coração.

A antiga sabedoria judaica nos ensina que, em determinada hora, todas as expressões da criação divina alcançarão um estado de plenitude e perfeição, e que o Messias unirá o mundo inteiro com o amor, a sabedoria e a lei. Rebbe Nachman já dizia: "O Messias conseguirá conquistar todo o mundo sem jamais dar um só tiro. Sua 'suave arma' para a paz será a prece."

As orações contidas neste livro são, em essência, respostas ou reações muito pessoais, em linguagem atual, a todas as questões e experiências pelas quais passamos no mundo de hoje. As cinco seções em que este livro está dividido abrangem os cinco elementos básicos de toda a atividade humana. Segundo os cabalistas (que seguem o judaísmo místico), eles são: as ações, as palavras, os sentimentos, os pensamentos e a vontade. Cada um desses elementos corresponde a um nível da alma humana que, por sua vez, corresponde a um dos níveis da Criação. Ao nos concentrarmos nesses elementos quando oramos, podemos conectar nossa alma à transcendente Alma da Criação – e, assim, nos aproximarmos de Deus.

Cada uma das seções começa com uma oração de louvor a Deus e termina com uma oração de agradecimento. Jamais conseguiremos nos sentir verdadeiramente em unidade com nosso Criador se nossa comunicação com Ele se reduzir a pedidos por coisas que queremos e de que precisamos. Através de orações de louvor e agradecimento, "ofertamos" algo de volta a Deus, expressando nosso amor e nossa dependência em relação Àquele que pode suprir todas as nossas necessidades.

Faça deste livro um companheiro que ajude você a reunir todas as forças necessárias para enfrentar as constantes batalhas da vida. Leia um pouco a cada dia. Cultive suas emoções mais fortes e profundas e ofereça-as a Deus. Ofereça a Deus tudo o que seu coração possuir, e certamente você colherá enormes benefícios. Use o livro sempre que precisar de ajuda para formular as palavras que seu coração deseja ardentemente pronunciar. E, quando encontrar suas próprias palavras para expressar os sentimentos que inundam o seu coração, feche o livro e deixe que a oração flua livremente. Ao aproximar-se de Deus dessa forma, você sentirá que sua vida vai melhorar expressivamente. Todos nós recebemos nosso quinhão de lutas nesta vida, mas, armados com a prece, certamente poderemos enfrentá-las sem medo.

O principal discípulo de Rebbe Nachman, Reb Noson, utilizava esta prece: "Mestre do Universo! Ajuda-me, faze com que as palavras que saem da minha boca sejam as mesmas que saem do meu coração. Ajuda-me a expressar tudo o que quero dizer a Ti com a mais sincera verdade! Meu Deus, faze com que possamos enfrentar as batalhas da vida empunhando somente a prece como arma, imbuídos de toda a verdade e sentimento que nosso coração e alma possuem."

1
AÇÕES

Ações

Nenhum lugar é longe demais

– Primeiro, diga-me o seguinte: há algum lugar isolado nas redondezas onde eu possa rezar? – perguntou Rebbe Nachman. Ele tinha acabado de chegar a Breslov, cidade cujo nome o Movimento Hassídico adotou a partir de então.

– Conheço um lugar que seria perfeito – respondeu o judeu hassídico –, mas é bem longe daqui.

– Longe? – exclamou o Rebbe. – O que você quer dizer com "longe"? Longe da mente ou longe do coração?

Mais tarde, Rebbe Nachman ensinou: "Quando seu coração clama, a distância não é obstáculo."

Louvando

Meu Deus, eu trabalho e luto, sem nunca saber se vou atingir o que desejo.

Só Tu podes dar esperança aos meus sonhos.

Com Tua ajuda, nenhum dos meus esforços jamais será em vão.

Com Tua bênção, todas as dificuldades que enfrento se transformarão em frutos.

Só Tu, meu Deus, és a chave para o sucesso de tudo o que faço.

(LM 1:56)

Coragem para crescer

Deus Poderoso,

Fonte de toda energia de vida!

Sem Ti, sinto muito desamparo.

Dá-me a coragem, a força física,
a energia emocional e a vontade
espiritual para arriscar e, assim,
crescer e acolher cada desafio que
a vida me trouxer.

(LM 1:152)

Uma vida plena

Vida da Terra, concede-me uma vida plena – uma vida que seja considerada longa por ter sido cheia de atos de justiça e que seja considerada rica por ter sido cheia de atos sagrados.

(LM 1:60)

O sustento

Fonte de todo o sustento,
sustenta-me.

Nos dias de hoje, mesmo uma vida simples e o trabalho apenas para suprir as necessidades mais básicas exigem muito de nós.

Saldo positivo

Ajuda-me a encontrar a saída
para livrar-me deste monstruoso
emaranhado de dívidas formadas
pelos gastos obrigatórios com as
necessidades de meus filhos, pelas
contas esmagadoras e pelas
inevitáveis despesas médicas.

Mas, acima de tudo, meu Deus,
ajuda-me a manter minha
conta contigo sempre com
um saldo positivo!

(LM 1:172)

Corpo e alma

Ser Sagrado, concede-me a força para afastar de mim a preguiça espiritual e a indiferença que tolhem meu corpo.

Permite que meu corpo, unido à minha mente, se eleve e fique cada vez mais próximo de Ti.

(LM 1:22)

Ensinar simplesmente sendo

Deus amado, ensina-me a viver os ideais que eu gostaria que meus filhos aprendessem comigo.

Dá-me sabedoria para que eu me comunique com meus filhos – de uma forma que possa atrair seus corações para a bondade, a retidão e a verdadeira sabedoria.

Deus amado, faze com que eu transmita a meus filhos somente o bem; faze com que eles encontrem em mim os valores e o comportamento que eu espero ver neles.

(LM 2:7)

Integridade e bem-estar

Deus de totalidade, Deus de cura,
envolve-me com integridade e
bem-estar.

Cura meu corpo e minha alma.

Faze com que todas as partes do
meu corpo trabalhem juntas,
em perfeita simetria e pacífica
harmonia.

Remove cada sinal de doença,
cada vestígio de enfermidade.

Traze-me a cura que só Tu podes
ofertar.

(LM 2:1)

Sinceridade

Meu Senhor, que é infinitamente profundo e profundamente simples.

Ajuda-me a trilhar o caminho da simplicidade.

Liberta-me de qualquer máscara de afetação que possa perturbar minha incansável busca para aproximar-me de Ti.

Ajuda-me a viver minha vida com fé, sinceridade e perfeita simplicidade.

(LM 2:19)

Doando

Meu Deus, ajuda-me a me tornar um "doador".

Ajuda-me a doar... e a continuar doando.

Tu nos pediste para sermos caridosos.

Mostra-me como.

Mostra-me como doar de coração puro, de coração aberto, com o coração cheio de alegria.

Conduze-me até aqueles que realmente merecem receber, pois doar é um ato sagrado.

Ajuda-me a encontrar os verdadeiros necessitados e também ajuda-os a encontrar-me.

(LM 1:251)

Verdadeiro alimento

Deus amado, ensina-me a
me alimentar corretamente
e a me alimentar quando é
realmente necessário.

Impede-me de ingerir alimentos
inadequados e de comer mais
do que devo.

Permite que tudo o que como me
alimente, nunca me enfraqueça
ou cause mal.

Permite que o alimento que
recebo crie um equilíbrio perfeito
entre meu corpo, minha mente
e minha alma.

(LM 1:263)

Estabelecendo prioridades

Deus amado, preciso de Tua orientação.

Traze discernimento para a minha vida, pois sinto que as seduções fúteis deste mundo são capazes de me dominar.

Faze-me ver além das pequenas necessidades da subsistência diária.

Faze com que eu me alegre com o que é verdadeiramente precioso: a beleza do meu relacionamento Contigo, Deus amado.

Trabalhando para viver

Mesmo que eu não tenha outra escolha, senão trabalhar para me sustentar e sustentar aqueles que dependem de mim, nunca deixes que meu trabalho domine minha vida e minha mente.

Não deixes que eu me envolva tanto na busca do meu sustento que seja capaz de ceder à desonestidade para obter algum benefício.

Não permitas que eu realize nenhum negócio sem que reconheça que qualquer sucesso só poderá vir de Ti, Senhor.

(LM 1:13)

Estresse

Meu Deus, olha para a minha dor.

Vê a constante tensão e a ansiedade
sempre presentes no que faço, mas
sem as quais nada consigo fazer.

Anima a minha vida com o
Teu amor, com a Tua força, com
a Tua sabedoria.

Meu fardo é maior do que posso
suportar sozinho.

(LM 1:54)

Problemas

Deus, tão bondoso, amado e poderoso: estende Tua mão para me dar forças.

Resgata-me do abismo em que me encontro; corrige meus erros; transforma cada uma de minhas falhas em sucessos.

Avalia todos os meus problemas e dize: "Basta!"

(LM 1:195)

O que é essencial

Meu Deus, ajuda minha mente
a gravar as verdades mais
permanentes da vida.

Faze com que todas as minhas
ações se direcionem para os
principais e verdadeiros
objetivos da vida.

Como poderei encarar-Te, meu
Criador, sem ter investido todos
os meus dias na preparação do
momento em que irei encontrar-Te?

Como poderei encarar-Te, Fonte da
minha vida, se eu permanecer nu e
estéril, atolado nas fantasias das
ilusões da vida?

(LM 1:54)

Vivendo para a plenitude

Deus amado, à medida que envelheço, que as horas se tornam dias, os dias se tornam semanas, as semanas, meses, e os meses, anos, não deixes que qualquer parcela do meu tempo seja desperdiçada ou perdida.

Ajuda-me a viver em plenitude, tornando-me a pessoa que fui criado para ser.

(LM 1:60)

Agradecendo

Deus amado, todo o bem que eu possa fazer neste mundo jamais se igualará ao bem que Tu tens feito por mim.

Nenhum dos meus atos de bondade jamais poderá se igualar a toda a bondade que tens demonstrado por mim.

Mesmo toda a gratidão que eu possa sentir jamais será suficiente para expressar meu reconhecimento e minha gratidão a Ti, meu Deus.

(LM 2:78)

2
Palavras

Palavras

O mantra de Rebbe Nachman

– Eu quero rezar, contar a Deus tudo o que tenho passado e pedir Sua ajuda – falou um judeu hassídico a Rebbe Nachman. – Mas, quando fico sozinho e tento orar, faltam-me as palavras.

– Então – assegurou-lhe o Rebbe –, basta simplesmente invocar a Deus dizendo "*Ribbono shel Olam!*".* Essa invocação será extremamente benéfica.

Certa vez, quando lhe contaram que um homem era capaz de recitar mil páginas do Talmude, Reb Noson retrucou:

– É de fato muito impressionante. Mas entre os seguidores do Rebbe há alguns que conseguem repetir a invocação "*Ribbono shel Olam!*" mil vezes.

* Em hebreu: Mestre do Universo.

Louvando

Mestre do Universo!

Tu ouves os gritos angustiados e os lamentos desesperados de cada um dos Teus amados filhos.

Tu ouves meus gritos incoerentes, e compreendes minhas palavras entrecortadas.

Eu procuro alcançar-Te da melhor maneira possível; e, mesmo com minhas orações inadequadas, quando Te peço ajuda, Tu me compreendes.

(LM 2:46)

Oração

Deus da vida, ajuda-me a rezar
com todas as forças que eu for
capaz de reunir.

Ah, eu queria poder colocar todas
as minhas energias em cada
palavra, até mesmo em cada letra
das minhas orações!

Sei que isso me daria uma força
renovada... um espírito renovado!

"Rezar para o Todo-Poderoso é
a minha vida", diz o salmista.

Por favor, meu Deus, ajuda-me
a rezar!

(LM 1:9)

Clamando por Deus

Como eu quero clamar por Ti,
Deus de força!

Clamar sem qualquer distração,
com o coração puro.

Ajuda-me a rezar com todas as
minhas forças, a elevar minha
voz proclamando minhas súplicas,
até que minhas orações recaiam
sobre minha mente como trovões
e refinem os recônditos mais
obscuros do meu coração.

(LM 1:5)

Uma palavra verdadeira

Deus amado, somente por esta vez deixa-me invocar-Te com uma oração verdadeira.

Deixa-me ter um pensamento puro, chorar um choro genuíno e rezar uma oração absolutamente sincera para Ti, Deus amado.

(LM 1:30)

Oração para a cura

Deus, Senhor de integridade, Deus de cura, escuta minhas palavras e acolhe minhas orações.

Envia uma bênção especial de cura para (*nome*), filho(a) de (*nome da mãe*), que dentre todos os Teus filhos precisa neste momento de Tua bênção de cura.

(LM 2:1)

Abrindo o coração

Deus amado, quero abrir meu coração para Ti.

Abri-lo plenamente, perfeitamente, sinceramente.

Quero contar-Te minhas dúvidas e minhas certezas, minhas fraquezas e minhas forças, meus fracassos e meus sucessos.

Ultrapassando as barreiras

Meu Deus, eu quero remover toda e qualquer barreira que me separa de Ti.

Quero mostrar-Te os aspectos do meu ser de que mais gosto e também aqueles que desprezo; as minhas partes sadias e as que precisam de cura; as coisas de que eu falo com segurança e todas as inseguranças que não tenho coragem de compartilhar.

(LM 2:25)

Chorando e suspirando

Os anos trouxeram mais dor do que eu poderia imaginar.

Quando eu chorar, meu Deus amado, deixa-me chorar somente para Ti.

Quando eu suspirar, faze com que esse suspiro seja uma expressão pura e honesta de minha alma que anseia por Tua Luz.

Chorando e suspirando

Faze com que meu choro e meus suspiros sejam instrumentos da minha cura, da minha recuperação, e devolvam-me a alegria.

Não permitas jamais que eu me entregue à amargura ou a pensamentos depressivos.

Meu Deus, mostra-me o sentido da vida.

(LM 1:56)

Palavras eficazes

Deus de sabedoria, ensina-me
as palavras certas.

Ensina-me as palavras que vão
tocar os corações e as almas
dos outros.

Quando um amigo precisar de
um ouvido acolhedor, ensina-me
as palavras que devem ser ditas
para transmitir-lhe força e coragem
e expressar meu amor e meu apoio.

(LM 1:34)

O silêncio eficaz

Deus de sabedoria, ensina-me
a me relacionar com os outros
usando as palavras que eles
precisam ouvir, usando palavras
que jamais os confundam.

Faze-me compreender, Deus
amado, que, muitas vezes, as
palavras mais eficazes são
aquelas que não são ditas.

Ensina-me como e quando devo
comunicar-me usando o dom mais
precioso: o silêncio.

(LM 2:7)

Palavras sensíveis

Deus de compreensão, guia-me,
pois minhas próprias palavras,
às vezes, me confundem.

Quando me comunico com os mais
próximos de forma insensível;
quando os magôo, constranjo ou
insulto; quando falo com tanta
dureza que lhes causo dor; quando
me perco no meu próprio ego.

Meu Deus, traze-me de volta
à realidade!

Faze com que os outros
compreendam que, quando eu ajo
assim, é porque também estou
sofrendo, e ajuda-os a me perdoar.

(LM 2:1)

Palavras que magoam

Meu Deus, ajuda-me a evitar o
mau uso das palavras.

Faze com que nenhuma palavra
mentirosa escape de meus lábios.

Rezo para que eu jamais fale
mal de alguém ou adule com
elogios falsos.

Ajuda-me a jamais proferir
qualquer termo agressivo.

Ensina-me, Deus amado, quando
devo calar-me e quando devo falar.

E quando eu falar, meu Deus, nunca
me deixes usar o maravilhoso dom
da palavra que me concedeste para
humilhar ou ferir qualquer pessoa.

(LM 1:63)

Mentiras

Regente de todo o Universo,
concede-me a verdade!

Poupa-me das mentiras dos outros
e ajuda-me a nunca mentir para
os outros.

Salva-me das mentiras que conto
para mim mesmo e salva-me das
mentiras criadas por minhas
próprias ilusões.

Meu Deus, nunca deixes que eu
viva uma mentira, mesmo que seja
por um único momento.

(LM 1:7)

Sons sagrados

Meu Deus,

A Tua Criação ressoa com sons sagrados.

Deixa-me ouvir todos eles.

Deixa que penetrem em meu coração e encantem meus sentidos: o ruído do vento nas folhas, a voz de um professor dedicado e até mesmo o som do meu próprio suspiro quando eu rogo a Ti.

Todos esses sons são sagrados.

Meu Deus, faze com que meu coração escute todos esses sons e se alegre com eles.

(LM 1:22)

Agradecendo

Meu Deus, meu único Apoio,
Tu me ensinaste a rezar, a suspirar,
a chorar, a encontrar palavras
verdadeiras e significativas dentro
do mais profundo do meu ser:
palavras que me fortalecem,
palavras que aplacam minha dor
e curam minhas feridas.

Palavras que dissipam até a
escuridão. Eu Te agradeço, meu
Deus, por abrir meus lábios e por
ensinar-me a procurar-Te através
da oração.

(LM 1:11)

3
Sentimentos

Sentimentos

Rezar pelo que você precisa

Rebbe Nachman nos ensinou: "Não há nada que você não possa pedir a Deus, por mais insignificante que seja."

Certa vez, Reb Noson falou ao Rebbe Nachman sobre uma coisa insignificante de que ele precisava. "Então, peça a Deus que a conceda", aconselhou o Rebbe.

– Fiquei completamente surpreso – conta-nos Reb Noson. – Eu nunca tinha pensado em recorrer a Deus para receber uma coisa tão sem importância, algo que eu poderia perfeitamente dispensar.

E continuou:

– Notando meu espanto, o Rebbe acrescentou: "Você se sente indigno ao rezar pedindo uma coisa pequena? Não importa qual seja a sua necessidade, o melhor que tem a fazer é rezar para consegui-la."

Louvando

Deus amado, Deus de compaixão,
Tua misericórdia está sempre
comigo: em cada momento da
minha vida, a cada respiração.

Só Tu podes me amar
tão completamente, tão
incondicionalmente,
tão profundamente.

Se outras pessoas se importam
comigo, é porque Tu Te
importas comigo.

Se alguma das minhas palavras
chega aos corações dos que me
cercam, ela é apenas um reflexo
da Tua presença que preenche
toda a minha vida.

(LM 1:1)

Compaixão

Deus de amor, que és cheio de compaixão, ensina-me a ser como Tu.

Ensina-me a ser gentil, generoso e amoroso.

Tão gentil, generoso e amoroso quanto Tu és para com todas as Tuas criaturas.

Eu Te peço, ajuda-me a desenvolver a verdadeira sensibilidade e a verdadeira compaixão para com tudo e todos que criaste.

(LM 1:105)

Alegria

Meu Deus,

Aqui me prostro, abatido e golpeado
pelas inúmeras manifestações das
minhas falhas.

Mesmo assim, é preciso viver
com alegria, vencer o desespero,
procurar, buscar e encontrar
cada pequeno sinal do bem, cada
ponto positivo dentro de nós
mesmos e, assim, descobrir a
verdadeira alegria.

Ajuda-me nesta busca, meu Deus,
ajuda-me a encontrar satisfação e
um prazer profundo e duradouro
em tudo o que possuo, em tudo
o que faço, em tudo o que sou.

(LM 1:282)

Uma atitude positiva

Deus de misericórdia, deixa-me experimentar Tua clemência!

Salva-me do pessimismo, da amargura e do cinismo.

Ajuda-me a vencer os sentimentos negativos; ajuda-me a evitar qualquer forma de arrogância, qualquer sinal de ganância.

Proteção amorosa

Deus de amor, protege-me com
Teu amor.

Impede que os outros me olhem
com hostilidade.

Jamais permitas que a negatividade
dos outros influencie minha vida
ou afete meu destino.

(LM 1:54)

Vendo o bem

Meu Deus, é tão simples identificar o mau, o feio, o injusto.

Ajuda-me a aprender a ignorar tudo o que é negativo nos outros.

Mostra-me o bem, a beleza e a bondade em todos que eu encontrar.

O poder do amor

Ensina-me a procurar as boas qualidades dos outros e a reconhecer seu imenso valor.

Ensina-me a cultivar o amor por todos os Teus filhos, pois todos, todos, sem exceção, foram salvos pelo Teu amor.

Deixa o bem que há em mim conectar-se com o bem que há nos outros, até que o mundo inteiro seja transformado pelo poder irresistível do amor.

(LM 2:17)

Alma gêmea

Deus de amor, tantas pessoas neste
Teu mundo passam a existência
sem encontrar o amor verdadeiro.

Tantos não conseguem encontrar
sua alma gêmea.

Tem piedade deles, Tu que és
Fonte de todo amor.

Faze com que cada alma
solitária e incompleta conheça
a plenitude experimentada
quando encontramos nosso
verdadeiro amor.

(LM 2:87)

Vivendo no amor

Deus de misericórdia, Deus
de amor, às vezes é difícil,
dolorosamente difícil, manter
um lar em harmonia, manter um
casamento baseado em amizade
e amor verdadeiros.

Nunca deixes que qualquer sinal
de desentendimento, frustração
ou suspeita comprometa nosso
relacionamento.

Precisamos de uma compaixão
sempre renovada para cuidar
do outro e compreendê-lo com
verdadeira sensibilidade e total
aceitação.

Faze com que uma paz abundante
inunde o nosso lar.

(LM 2:87)

Paz

Meu Deus, ajuda-me a aprender a amar a paz, a sempre buscar a paz e a promover a paz.

Livra-me da necessidade de ter sempre razão, pois ela leva inevitavelmente a tensões e rivalidades.

Unidade

Meu Deus, ajuda-me a construir uma relação de unidade com os outros, entre mim e meu (minha) companheiro(a), entre mim e meus filhos.

Ajuda-me a construir uma unidade entre os vários "eus" que fazem parte do meu ser.

Faze com que eu e Tu nos tornemos um só.

(LM 1:75)

Aprendendo a esperar

Deus de paciência, ensina-me a paciência.

Ajuda-me a aprender a saber esperar pelas coisas boas que se encontram tão próximas; a esperar pela ajuda que logo estará ao meu alcance; a esperar pelo alívio que não tardará.

Calma interior

Deus de paciência, ensina-me a ser paciente, a manter a serenidade com quem tem raiva, a ser tolerante com quem se exaspera e a aceitar aqueles que me desapontam.

Ajuda-me a manter a calma diante da zombaria, a tranqüilidade ante as provocações e o controle no meio das tempestades.

Meu Deus, ajuda-me a ser paciente comigo mesmo.

(LM 1:155)

Perdoando

Deus de perdão, só Tu sabes
como preciso urgentemente
aprender a perdoar.

Ajuda-me a aplacar toda a raiva
que queima dentro de mim.

Livra-me do ressentimento
contra aqueles que me fizeram
qualquer mal.

Ajuda-me a desapegar-me da
animosidade e de toda a hostilidade
que perturba meu coração.

Ajuda-me a transformar minha
raiva em amor e minha inimizade
em compaixão.

(LM 1:18)

Raiva

Meu Deus,

Eu não quero ficar com raiva.

Protege-me das minhas próprias paixões.

Não deixes que eu me perca em pensamentos mesquinhos ou em ressentimentos.

Protege-me dos impulsos agressivos contra qualquer coisa ou qualquer pessoa, até mesmo, e principalmente, contra mim mesmo.

(LM 1:59)

Disposição para a paz

Ensina-me, meu Deus, a procurar
somente a paz.

Protege-me de qualquer tipo de
discussão, controvérsia e briga;
liberta-me de todo
desentendimento e discórdia.

Onde não há paz não pode haver
alegria, não pode haver amor, não
pode haver a verdadeira sabedoria.

Deus amado, faze com que
eu tenha paz para poder
compartilhá-la.

(LM 1:80)

Contentamento

Deus amado, impede-me de
desejar o que não me pertence.

Protege-me da minha própria
inveja, de ansiar por dinheiro ou
posses, posição social ou honras
que pertencem a outros.

Faze com que eu confie em Ti,
para poder acreditar que o que
me é destinado virá para mim.

Faze com que eu confie em Ti,
para que possa contentar-me
com tudo o que possuo hoje.

(LM 1:23)

Auto-estima

Deus amado,

Faze com que eu me sinta próximo de Ti.

Faze-me usufruir a minha própria vida.

Para que assim eu me alegre com o que sou e transforme essa satisfação em auto-estima – não uma auto-estima baseada na arrogância ou em sentimentos de superioridade, mas uma auto-estima humilde, enraizada na santidade.

(LM 1:22)

Arrogância

Deus amado, liberta-me do falso orgulho; liberta-me da arrogância que acompanha um ego soberbo.

Poupa-me da insolência, do ego desmedido, que é sinal de um "eu" vazio.

Faze com que eu aprenda a me sentir bem comigo mesmo.

Faze com que eu jamais sinta **necessidade de depreciar alguém** para me sentir valorizado e superior.

(LM 1:14)

Um refúgio de alegria

Ensina-me o significado da alegria,
Deus amado – da verdadeira, forte,
profunda e pura alegria.

Não permitas que eu ceda a
sentimentos de tristeza, solidão
e depressão.

Ensina-me a voltar-me para Ti
sempre que tiver algum problema,
frustração, ansiedade e dor.

Aceita meu coração partido.

Cura-me, Senhor, e abriga-me
em um refúgio de alegria.

(LM 1:24)

Batendo palmas e dançando

Deus amado, ilumina meu coração
com o espírito da alegria.

Impregna meus braços e pernas
com esse espírito, pois meus braços
estão inertes e minhas pernas se
tornaram pesadas por causa dos
erros que cometi.

Preenche-me, meu Deus, com
o espírito purificador da
alegria sagrada.

Anima todos os meus membros.

Ajuda-me a erguer os braços
e bater palmas.

Ajuda-me a levantar os pés e
dançar, dançar sem parar.

(LM 1:10)

Superando a perda

Deus amado, de repente sinto-me sozinho. Estou sofrendo.

Ao buscar alguma fonte de conforto, o mundo, este nosso mundo tão populoso e tumultuado, parece-me muito vazio.

Faz frio e é assustador neste buraco que sou eu – neste buraco que um dia brilhou confiante e alegre.

Meu Deus, traze-me de volta – de volta ao mundo dos vivos, de volta a uma vida cheia de atividades e de relacionamentos humanos.

(LM 1:277)

Agradecendo

Deus de amor e de cuidado, vêm apenas de Ti toda a felicidade e a satisfação da minha vida.

Consciente dessa dependência absoluta, encontro a paz interior.

Tua presença invade toda a minha vida, acariciando-me com esperança, alegria e amor.

Já provei do Teu amor, já conheço Tua compaixão, já experimentei Tua paciência, e sinto-me inundado de gratidão.

(LM 2:10)

4

Pensamentos

Pensamentos

Um mundo totalmente novo

– É impossível descrever como tudo era maravilhoso naqueles primeiros anos – disse Rebbe Nachman ao judeu hassídico.

Eles caminhavam pelos subúrbios do vilarejo onde o Rebbe havia passado os primeiros anos de seu casamento, rezando e servindo a Deus em relativo anonimato.

– A cada passo que eu dava nesses campos, rezando e clamando por Deus, experimentava um pedacinho diferente do paraíso – continuou ele.

Em outra ocasião, Rebbe Nachman descreveu como se sentia quando voltava para casa, no final de um dia que passara abrindo seu coração a Deus, nos campos ou na floresta:

– Ao retornar, tudo me parecia diferente. Era como se o mundo estivesse completamente novo.

Louvando

Meu Deus,

Começo agora a compreender quanto tens feito por mim.

Devo agora tomar profundamente consciência de que tudo o que me acontece – absolutamente tudo – é uma expressão do Teu eterno amor e do Teu cuidado para o meu maior bem.

Meu Deus, agora que reconheço toda a Tua generosidade e sinto a Tua bondade, preenche meus pensamentos, para que eu cante em Teu louvor.

(LM 1:4)

Luz da consciência

Meu Deus, faze-me entender
tudo o que vejo com a luz
da consciência.

Faze com que eu compreenda, de
forma mais íntima e profunda,
tudo o que toca a minha vida.

Uma compreensão que integre
o adulto e a criança que existem
em mim.

(LM 1:20)

Envolto na fé

Meu Deus, só Tu sabes como eu desejo intensamente acreditar em Ti e canalizar apenas para Ti toda a minha fé.

Ajuda-me a tornar esse desejo uma realidade.

Ajuda-me a tomar consciência da Tua Presença e a buscar forças nela em cada momento da minha vida, a cada desafio que eu enfrentar.

Faze com que essa consciência reforce minha fé em Ti – aonde quer que eu vá, em qualquer realização minha.

(LM 2:44)

Aceitando a justiça de Deus

Meu Deus, ajuda-me a perceber; ajuda-me a compreender tudo o que vejo à luz da Tua verdade, à luz da Tua justiça.

Quando eu testemunhar o sucesso dos maus, ajuda-me a perceber que tudo não passa de ilusão – nada é autêntico, nada é real.

Pois o verdadeiro sucesso, o verdadeiro bem e a felicidade absoluta só podem ser encontrados em Ti, amado Deus da verdade.

Um dia, então, eu conseguirei ver, experimentar e conhecer plenamente essa verdade.

Vencendo as dúvidas

Minha visão está distorcida, amado Deus da verdade.

Quero ver com clareza, mas meu coração me leva por caminhos tortuosos e turbulentos, de impressões errôneas.

Endireita esses caminhos, para que eu possa fortalecer-me com a convicção das minhas crenças.

(LM 1:55)

Aprendendo as lições da vida

Deus amado, faze com que meu
coração compreenda a profunda
sabedoria com que criaste
o mundo.

Ajuda-me a entender que as
dificuldades da vida são de fato
oportunidades; que cada final
também é um começo;
que as desilusões que sofremos
são, na verdade, nossos
melhores professores.

Aprendendo as lições da vida

Deus amado, permite que meu coração compreenda a sabedoria profunda com a qual Tu me criaste.

Ajuda-me a compreender que minhas vulnerabilidades são, na verdade, portas abertas para o meu crescimento; que meus limites me forçam a conquistar novas fronteiras; e que minhas falhas me ensinam a obter sucessos.

(LM 1:18)

Percepção: corpo e alma

Deus Sagrado, concede-me a
sabedoria para harmonizar
a aliança entre meu corpo e
minha alma.

Faze com que ambos se elevem
juntos na minha devoção a Ti.

Minha alma apreende a Tua Luz
– faze com que meu corpo
também consiga discerni-La.

Minha alma celebra Teus louvores
– faze com que meu corpo entoe
o mesmo canto.

(LM 1:22)

Concentrando-se na oração

Deus amado, como eu desejo rezar.

Mas há muitas distrações por toda parte.

Eu Te peço, ajuda-me a vencê-las.

Ajuda-me a concentrar-me.

Ajuda-me a rezar com palavras verdadeiras, vindas do fundo do meu coração, e dirigidas a Ti, Deus amado.

(LM 1:30)

Conselho sábio

Meu Deus,

Como posso encontrar o caminho no meio da confusão e das incertezas que perturbam quase tudo o que faço?

Conduze-me a professores e guias sábios, cujos conselhos sejam puros e de acordo com a Tua Vontade.

Conduze-me a amigos verdadeiros, capazes de me aconselhar com afeto e de me ajudar a saber o que é melhor para mim.

Conduze-me a decisões corretas, sensatas; a decisões sólidas e livres de qualquer dúvida.

Clareza e segurança

Meu Deus, concede-me clareza e segurança em tudo o que faço.

Ensina-me a confiar em professores sábios, a aprender com suas palavras experientes.

Ensina-me a confiar nos amigos verdadeiros e a valorizar seu carinho e dedicação.

Ensina-me a confiar em mim mesmo e a julgar minhas próprias ações corretamente.

Assim, serei capaz de viver com convicção e esperança.

(LM 1:61)

Milagres da natureza

Deus amado, abre meus olhos para ver os incontáveis e assombrosos milagres que Tu realizas, constantemente, em mim.

Abre minha mente para compreender que os acontecimentos diários, que parecem fazer parte da ordem natural das coisas, são, na verdade, milagrosos.

Tua Mão é o guia que me direciona e me dá forças para realizar tudo o que faço.

Reconhecendo os milagres da vida

Abre meus olhos, meu Deus,
para as maravilhas à minha volta.

Mostra-me o milagre de cada
respiração minha, de cada
pensamento, de cada palavra e
de cada movimento.

Deixa-me vivenciar os milagres que
testemunho neste mundo, tomando
consciência deles e expressando
gratidão por tudo o que criaste.

(LM 1:9)

Vendo luz na escuridão

Deus de insondável bondade, a
história da agonia humana
assombra minha alma.

Destruição, sangue e gritos
dilaceram meu coração.

Esquemas diabólicos de opressão
assolam minha mente.

Concede-me um pouco mais de
força, compreensão e fé para
ajudar-me a encontrar-Te, a
descobrir Tua Luz no meio desse
terror cego e de todos os horrores
revoltantes.

(LM 1:250)

Luz na confusão

Deus da verdade, ajuda-me a encontrar um caminho dentro da confusão atordoante da minha vida.

Minha mente perturba-se com tudo o que tenho visto, tudo o que tenho lido, tudo o que me tem acontecido.

Ensina-me a concentrar-me, a priorizar, a ver com clareza, para que eu possa seguir em frente com minha vida.

(LM 1:15)

Um espírito humilde

Deus amado, guia-me ao longo do caminho da humildade sincera.

Se alguma vez eu quiser parecer superior, impede-me!

Abençoa-me com um espírito humilde: com olhos capazes de só ver o bem nas pessoas; com uma mente sempre aberta às opiniões dos outros; com um coração sempre voltado para as necessidades dos meus próximos.

Ensina-me a ter humildade até mesmo diante da menor das criaturas, cuja fraqueza leva para mais próximo de Ti.

(LM 1:14)

Encontrando o bem

Deus de amor, ajuda-me a descobrir e a revelar tudo o que há de bom, tudo o que há de positivo no mundo.

Ainda que estejam camufladas, deixa-me encontrar as centelhas mais sutis da luz sagrada. Faze-me perceber toda a beleza e a verdade escondidas na Tua Criação.

(LM 1:33)

Encontrando o bem

Quando eu me confronto com a baixeza e a maldade, faze com que todo o mal permaneça afastado de mim.

Faze com que todo o bem e a divindade que se encontram escondidos dentro de cada pessoa possam emergir e brilhar como um maravilhoso reflexo da beleza e da luz.

(LM 1:33)

Perdendo o controle

Quanto bem eu desperdicei por perder o controle e expressar minha raiva!

Quantas coisas preciosas, quanto crescimento deixei escapulir por entre os dedos, ao deixar que pensamentos inflamados dominassem a melhor parte de mim.

Meu Deus, ensina-me a desapegar-me, ajuda-me a dominar minha raiva.

(LM 1:68)

O sentido da vida

Meu Deus, ajuda-me, por favor, a
compreender que a vida neste
mundo é efêmera, pouco mais que
uma ilusão.

Neste momento, aqui estou, assim
como estão todos os outros.

Onde estarei, onde estarão eles,
daqui a uma hora, daqui a
um dia, daqui a um ou dez anos?

Permite que eu grave em minha
mente uma imagem do Mundo que
me aguarda – da Vida Eterna
que virá depois de minha passagem
por este mundo de fascinação e
quimeras momentâneas.

(LM 1:65)

Agradecendo

Meu Deus, de quanto tempo
precisei para finalmente aprender
a confiar em Ti?

Quando pedi ajuda, Tu me
respondeste; quando chorei,
Tu me trouxeste alívio; quando
passei por necessidades, Tu vieste
em meu auxílio.

Estás comigo em cada instante
da minha vida.

Para encontrar-Te, basta que eu
olhe, pense e compreenda.

Pois estás sempre presente, sempre
pronto a ajudar.

Eu Te agradeço, meu Deus, por
estar sempre junto de mim.

(LM 1:225)

5
VONTADE

Vontade

Desejar realmente querer

Em uma de suas declarações de maior impacto, Rebbe Nachman caracteriza inequivocamente aquela faceta da psique humana que funciona abaixo do limiar da consciência.

Um jovem estava se lamentando das dificuldades que encontrava ao tentar aproximar-se de Deus.

– Mas eu realmente quero me tornar um bom judeu! – ele repetiu para Rebbe Nachman.

– Mas – disse o Rebbe – você realmente *deseja* querer isso?!

Louvando

Meu Deus,

Tu me concedeste a vontade física, emocional e espiritual para ultrapassar todos os obstáculos que se ergueram à minha frente.

Quantas vezes eu me deparei com situações que pareciam ser impossíveis, sem qualquer esperança.

Mas eu as enfrentei e descobri soluções criativas com as quais pude resolvê-las e dominá-las.

Tu me fortaleceste cada vez mais.

Tenho agora certeza de que sempre poderei contar Contigo.

(LM 1:74)

A Vontade de Deus

Deus de misericórdia, eu sei o
quanto Tu cuidas de mim.

Tu me criaste "segundo a
Tua Vontade".

Então, por que nem sempre eu
quero me tornar a pessoa que
Tu me criaste para ser?

Por que, freqüentemente, eu
me vejo muito aquém do que
Tu desejas que eu seja?

A Vontade de Deus

Meu Deus, eu quero ser tantas
coisas, fazer tantas coisas, quero
ardentemente atingir tantos
objetivos!

Mas será que alguém pode ser tudo,
fazer tudo, ter tudo?

Só Tu compreendes o frágil
equilíbrio da minha alma.

Tu me deste o potencial para fazer
desse equilíbrio uma criação
perfeita.

Agora, faze com que eu consiga me
tornar esta criação perfeita "de
acordo com a Tua Vontade".

(LM 1:17)

Superando os traços negativos

Meu Deus, ajuda-me a aperfeiçoar cada partícula da minha condição humana.

Ajuda-me a vencer todas as minhas características negativas, todas as motivações mesquinhas.

Ensina-me a transformar o mal em bem.

Construindo traços positivos

Ajuda-me a crescer; ensina-me
a lutar em busca de uma alma
pura e reta.

Permite que todas as minhas
características sejam impermeáveis
ao mal.

Eu poderei então ter esperança de
que, em minha condição humana,
eu possa fundir-me com o sagrado
da Tua Existência.

(LM 1:8)

Perfeição da alma

Deus, meu Deus perfeito, Tu me
criaste para que eu fosse perfeito.

Como me distanciei desse destino!

Como desperdicei minha pureza
com comportamentos egoístas,
insensíveis e impensados!

Comportamentos carentes de
moralidade e santidade.

A recuperação da alma

Deve haver um modo de recuperar
a decência e a virtude.

Deve haver um modo de recobrar
a pureza e a perfeição da
minha alma.

Meu Deus, guia-me para o
Teu objetivo; não deixes que eu
me desvie do caminho.

Abre Teus braços e acolhe-me
de volta!

(LM 1:19)

O dom do livre-arbítrio

Deus das maravilhas, Tu me concedeste o mais maravilhoso dos dons: o dom do livre-arbítrio.

Que a minha vontade jamais se distancie da Tua Vontade sagrada.

Guia-me sempre, para que todas as escolhas que eu fizer sejam as escolhas certas, escolhas sempre em harmonia com a Tua Vontade, enquanto eu viver.

(LM 1:190)

Um mundo de responsabilidade

Arquiteto deste mundo,
Autor de sua história,
concede-me a coragem para
participar dos Teus planos para este
mundo, para unir-me ao desenrolar
da sua história.

Como eu desejo compartilhar a
responsabilidade por este mundo!

Quero rezar pelo seu bem-estar,
atender às suas necessidades, zelar
por seus tesouros e trabalhar para
seu aperfeiçoamento.

(LM 1:5)

Auto-renovação

Deus amado, ensina-me a começar tudo de novo, a me renovar e a renovar toda a Tua Criação, assim como Tu renovas o mundo inteiro a cada dia.

Mostra-me como posso libertar-me da prisão dos meus hábitos, das restrições impostas por minhas inseguranças e dos grilhões dos meus medos ilusórios.

Recomeçando

Ensina-me, Deus amado, a começar
tudo de novo.

A quebrar os padrões do passado
e a parar de dizer a mim mesmo
"Eu não consigo" – quando eu
posso conseguir.

"Eu não sou" – quando eu sei
que sou.

"Estou encurralado" – quando
estou totalmente livre.

(LM 1:76)

O caminho de casa

Centro de toda a existência,
ajuda-me a encontrar o caminho
para aquele santuário sagrado
que se encontra dentro de mim,
para aquele precioso centro da
minha existência.

Ajuda-me a descobrir o meu lugar
no mundo, o espaço ao qual eu
realmente pertenço e que me
pertence incondicionalmente.

Deus amado, tenho vagado há
tanto tempo!

Ajuda-me a encontrar o caminho
de volta para casa.

(LM 1:188)

Curando minha vida

Deus amado, que confusão eu
fiz da minha vida!

Uma confusão sem saída!

Como poderei consertar tudo o
que fiz de errado, restaurar o que
arruinei, consertar o que destruí?

Só Tu podes me ajudar,
Deus amado.

Se Tu não me ajudares, que
esperança poderei ter?

Ajuda-me, e cura a minha vida.

(LM 1:29)

Procurando a unidade

Deus de compaixão, cura meu
corpo, cura minha alma, cura-me.

Fortalece meu corpo enfraquecido,
alivia meu coração dolorido.

Recompõe minha existência
fragmentada.

Faze de mim uma pessoa inteira.

(LM 1:163)

Rejuvenescimento

Mestre do Mundo,

Tu conheces a amargura do meu coração angustiado, das minhas feridas doloridas e da minha alma aflita.

É um peso maior do que eu posso suportar!

Eu Te imploro: suaviza e adoça a amargura.

Dá-me força e coragem, pois o remédio para meus males certamente será amargo.

Meu rejuvenescimento não virá facilmente.

Tu, que curas todos os males, cura-me também.

(LM 1:27)

Um vislumbre de eternidade

Deus eterno, concede-me um
vislumbre de eternidade.

Envia um pouco de permanência
à minha vida tão transitória.

Concede saúde, felicidade e uma
vida longa a meus filhos e aos
filhos dos meus filhos.

Enquanto eles viverem, uma
parte de mim sobreviverá;
uma parte de mim continuará
a viver neste mundo.

Concede-me a graça da vida,
Deus amado, e vida aos que
vêm depois de mim.

(LM 2:68)

Filhos

Deus de amor, haverá algo mais precioso do que nossos filhos?

Existirá algum tesouro mais amado, mais puro do que essas almas queridas que trouxemos ao mundo?

Ajuda-me a orientá-los corretamente, meu Deus, e faze com que aceitem minha orientação.

Ajuda-os a viver suas vidas com fé, sabedoria e verdade.

(LM 2:7)

Desapego

Deus amado, ajuda-me a
envelhecer com dignidade
e sabedoria.

Quando o crepúsculo dos anos
lançar suas sombras sobre mim,
faze com que minha mente
permaneça clara, em paz com
o mundo e com ela mesma.

Ensina-me a desapegar-me dos
laços que me prendem a este
mundo: da minha necessidade
de honrarias e status; da minha
atração por prazeres físicos;
da minha inveja dos outros; e
do meu arrependimento por tudo
o que poderia ter sido.

Envelhecendo sem idade

Ensina-me, meu Deus, a viver
todos os meus dias voltado para
o que realmente tem sentido
para a minha vida.

À medida que dores e limitações
se multiplicarem, e minha memória
for se esvaindo, ensina-me
a reconhecer cada vez mais a
natureza transitória da minha
existência física.

Ensina-me a tomar cada vez mais
consciência de que minha alma
nunca envelhece, que sua natureza
é eterna e seu valor não tem idade.

(LM 2:10)

Aproximando-me de Deus

Minha alma tem sede de Ti,
meu Deus.

Será que merecerei, algum dia,
sentir-Te ao meu lado?

Há tantos obstáculos que me
impedem de tornar-me a pessoa
que eu desejo ser: uma pessoa boa
e consciente da presença de Deus.

Mas só eu, e mais ninguém, posso
mudar isso.

Ajuda-me a me esforçar para
aproximar-me de Ti.

Ajuda-me a desejar, ansiar,
empenhar-me para estar
perto de Ti.

(LM 1:115)

O meu "eu" verdadeiro

Meu Deus, ensina-me a ser verdadeiro comigo mesmo.

Não permitas que eu me deixe levar pela aprovação ou desaprovação dos outros.

Ajuda-me a depender apenas de Ti e a olhar unicamente para dentro de mim mesmo.

Só assim poderei conhecer o meu "eu" verdadeiro, a pessoa que realmente sou.

(LM 1:66)

Em sintonia com Deus

Deus amado,

Eu Te peço para estar sempre comigo e ajudar-me a lutar para me aproximar de Ti e comprometer-me totalmente Contigo.

Faze com que todas as partes do meu ser – a física, a emocional e a espiritual – se integrem em uma firme determinação de cumprir Tua Vontade.

Faze com que meus pensamentos, emoções, palavras e todas as minhas ações estejam em plena sintonia com a Tua Vontade.

(LM 1:23)

Agradecendo

Meu Deus, nunca poderei
agradecer-Te o suficiente por
guiar-me no caminho que leva
à plenitude da vida.

Tu me mostraste como harmonizar
meus desejos com a Tua Vontade.

O caminho que nos torna capazes
de avaliar e renovar, que traz um
alívio profundo, que traz a cura e a
eterna tranqüilidade, que dá à vida
seu real significado, só se torna
possível quando procuramos
ativamente seguir a Tua Vontade.

Eu Te agradeço, meu Deus, por me
fazeres compreender isso.

(LM 1:268)

Quem foi Rebbe Nachman de Breslov?

Rebbe Nachman de Breslov nasceu em 1772, no vilarejo ucraniano de Medzeboz. Bisneto do rabino Israel Baal Shem Tov, fundador do movimento hassídico, Rebbe Nachman alcançou um nível excepcional de santidade, iluminação e sabedoria. O Rebbe utilizava sua desenvoltura e familiaridade com os preceitos mais profundos do misticismo cabalístico e sua grande habilidade prática para transmitir a seus seguidores ensinamentos sobre a simplicidade, a honestidade e a fé. Para transmiti-los, ele criava histórias fantásticas sobre princesas, gigantes, mendigos e imperadores. Falava sobre a cura, a plenitude e, sobretudo, sobre a maravilhosa experiência de estar vivo!

Rebbe Nachman atraiu, assim, um grupo de seguidores devotados, desde pessoas simples até acadêmicos, que o viam como "o Rebbe", seu guia e fonte de orientação e apoio espiritual. Mesmo após sua morte, em 1810, a influência do Rebbe permaneceu forte, pois seus ensinamentos foram propagados tanto por escrito quanto oralmente, e seus seguidores ainda se inspiravam em seus ensinamentos para perseverar em sua busca por orientação e inspiração.

Hoje em dia, o movimento que o Rebbe iniciou ainda pulsa com a mesma intensidade e continua crescendo. Além do círculo de seguidores, o supremo otimismo e a sabedoria prática de Rebbe Nachman o tornam o mestre judeu mais citado e estudado de todos os tempos.

Rebbe Nachman viveu durante o que pode ser considerado um dos momentos mais decisivos da história humana. No correr de sua vida aconteceram eventos marcantes: todo o desenrolar da Revolução Industrial, a Guerra da Independência dos Estados Unidos e a Revolução Francesa. Importantes figuras como Goethe, Kant, Byron, Beethoven e Mozart atuavam intensamente durante a geração do Rebbe. Foi uma era marcada por mudanças de paradigmas que levariam ao desenvolvimento da razão, mas também a profundas dúvidas; que levariam a conquistas e à expansão de fronteiras das nações, mas, ao mesmo tempo, a um grande vácuo dentro dos seres humanos. Rebbe Nachman tocou na ferida e no coração da aurora de uma nova era, dizendo: "Vou contar-lhes um segredo: uma grande onda de ateísmo inundará este mundo..."

Hoje, duzentos anos depois, o afastamento de Deus encontra um paralelo em outra forma de "uma grande onda de ateísmo": na alienação de nós mesmos.

Para contrapor-se à era onde o sentimento de vazio predominava, Rebbe Nachman desenvolveu uma doutrina que tanto se dirige aos que estão buscando a espiritualidade quanto a qualquer ser humano que luta para resolver os problemas do dia-a-dia. Sua mensagem de esperança e alegria nos ensina que, mesmo nos impenetráveis "buracos negros" do nosso mundo interior, centelhas de luz estão simplesmente esperando por algo que as liberte. As palavras de inspiração do Rebbe chegam às pessoas de qualquer credo, às que têm fé, às que não têm tanta fé e mesmo às que já perderam a fé.

Instituto Breslov de Pesquisas

Rebbe Nachman tinha apenas 38 anos de idade quando faleceu. Pouco antes de sua morte, ele disse a seus seguidores que sua influência ainda perduraria por muito tempo: "Minha luz permanecerá acesa até a vinda do Messias."

Seus escritos têm maravilhado e inspirado gerações de leitores, além de terem sido objeto de estudo e interpretação da comunidade acadêmica em todo o mundo.

O crescente interesse, tanto de leigos quanto de acadêmicos, por Rebbe Nachman levou à fundação do Instituto Breslov de Pesquisas, em Jerusalém, em 1979, onde uma equipe de estudiosos dedica-se à análise dos textos, às tradições orais e às músicas do Movimento Hassídico de Breslov. O objetivo do Instituto é publicar documentos abalizados sobre o *Hasidut* (do hebreu "bondade") de Breslov, traduções, comentários, trabalhos variados, livros de música, etc., assim como gravações em cassete de canções e melodias breslovianas.

O Instituto Breslov de Pesquisas possui os seguintes escritórios e representações:

EM ISRAEL
Breslov Research Institute
P. O. Box 5370 – Jerusalém, Israel
Tel.: (011-9722) 582-4641 – Fax: (011-9722) 582-5542

NOS ESTADOS UNIDOS
Breslov Research Institute
P. O. Box 587 – Monsey, NY 10952-0587
Tel.: (914) 425-4258 – Fax: (914) 425-3018
www.breslov.org

Conheça outros títulos da Editora Sextante

1.000 lugares para conhecer antes de morrer, de Patricia Schultz

A História – A Bíblia contada como uma só história do começo ao fim, de The Zondervan Corporation

A última grande lição, de Mitch Albom

Conversando com os espíritos e *Espíritos entre nós*, de James Van Praagh

Desvendando os segredos da linguagem corporal e *Por que os homens fazem sexo e as mulheres fazem amor?*, de Allan e Barbara Pease

Enquanto o amor não vem, de Iyanla Vanzant

Faça o que tem de ser feito, de Bob Nelson

Fora de série – Outliers, de Malcolm Gladwell

Jesus, o maior psicólogo que já existiu, de Mark W. Baker

Mantenha o seu cérebro vivo, de Laurence Katz e Manning Rubin

Mil dias em Veneza, de Marlena de Blasi

Muitas vidas, muitos mestres, de Brian Weiss

Não tenha medo de ser chefe, de Bruce Tulgan

Nunca desista de seus sonhos e *Pais brilhantes, professores fascinantes*, de Augusto Cury

O monge e o executivo, de James C. Hunter

O Poder do Agora, de Eckhart Tolle

O que toda mulher inteligente deve saber, de Steven Carter e Julia Sokol

Os segredos da mente milionária, de T. Harv Eker

Por que os homens amam as mulheres poderosas?, de Sherry Argov

Salomão, o homem mais rico que já existiu, de Steven K. Scott

Transformando suor em ouro, de Bernardinho

INFORMAÇÕES SOBRE OS
PRÓXIMOS LANÇAMENTOS

Para saber mais sobre os títulos e autores
da EDITORA SEXTANTE,
visite o site www.sextante.com.br,
curta a página facebook.com/esextante
e siga @sextante no Twitter.
Além de informações sobre os próximos lançamentos,
você terá acesso a conteúdos exclusivos e poderá participar
de promoções e sorteios.

Se quiser receber informações por e-mail,
basta cadastrar-se diretamente no nosso site
ou enviar uma mensagem para
atendimento@esextante.com.br

www.sextante.com.br

facebook.com/esextante

twitter: @sextante

Editora Sextante
Rua Voluntários da Pátria, 45 / 1.404 – Botafogo
Rio de Janeiro – RJ – 22270-000 – Brasil
Telefone: (21) 2538-4100 – Fax: (21) 2286-9244
E-mail: atendimento@esextante.com.br